ワークブック ❷

テーブルコーディネーション

食空間コーディネーション

日本の文化

JFFT（ジャパン食空間コーディネート協会）

はじめに

　今やテーブルコーディネートは日常では当たり前の生活になり、呼び方は違いますが、食事空間を自分たちの生活に合った演出をして食事を楽しむ時代になってきたように考えます。
　特別に贅沢なものではなく、愉しい・美味しい・アイデアのある・清潔で、はっとした驚きがあれば食卓を囲む事が嬉しくなります。
　そして食卓を囲む人にも喜びを与えます。

　人は普通一日三度の食事をするためにテーブルに着きます。
　一人でテーブルに着くのか、又は数人でテーブルを囲むのかそれぞれ人により違いますが、食は人間には欠かせない習慣ですから、そこの景色を体に優しく、心に優しく、おいしく食事ができればこの上なく幸せな人生だと考えます。

　私は食空間のコーディネートを勉強するにあたり、自分で演出（コーディネーション）をする前に、それを組み立てる（企画）ことが役立つと考えております。
　すでに基本的なワークブックでお話しておりますが、No.2のワークブックとして日本の大切にしたい季節のうつろいを取り入れた内容にし、若い方にも日本の良さを知って頂きたいと思いペンを取りました。

　このワークブックは以前出版したものと同様に、繰り返しのレッスン方法になっております。使用する場合、各ページの空欄に、各々が自分の個性と感性と知識を取り入れて作成していくと、ワークブックを終了する頃には、何時しか物知りの自分に気が付くと考えております。

　このワークブックは日本の自然の営みを背景に作成したものがほとんどです。
　タイトルの内容は簡単に説明しておりますが、空欄に自分の調べたことを書き込み、デッサンをし、写真で残して自分が勉強をした歴史として下さい。使いこむことにより、感性の高い人・物知りな人になることでしょう。自分で作成したものは頭に残り仕事にも役に立つのではないかと考えます。

　教える側が活用するには、数種あるカレンダー・日本の祭事・日本の食文化・日本のマナー・日本の色を基本に伝えていかれることを願っております。
　時には西洋等海外の祭事・食文化・マナーも比べて頂きたいと願っています。

2017年10月1日

(JFFT) ジャパン食空間コーディネート協会

会長　山口　泰子

CONTENTS

はじめに ………… 3

テーブルコーディネートとは ………… 6
食卓のコーディネーション ………… 6
テーブルセッティングの基本 ………… 8
プランニング作成のための4つのイメージ分類 ………… 9
食空間のプランニング ………… 10
ダイニングの食空間 ………… 12
色の基礎知識 ………… 14
色の知識 ………… 16
日本の暦について① ………… 18
日本の暦について② ………… 20
日本の食文化の知識 ………… 22
日本料理の形式の種類 ………… 24
中国の食文化 ………… 25
西洋の食文化 ………… 25
日本料理様式別のメニュー ………… 26
精進本膳料理の基本(三汁七菜) ………… 26
本膳料理三汁七菜の配膳 ………… 27
日本の箸の文化とマナー ………… 28
和の礼儀作法やしきたり ………… 30
日本の行事としきたり ………… 30
食事のマナー ………… 31

Lesson 1	「立春」二十四節気の最初の節　この日から春	………… 32
Lesson 2	「春分」昼と夜の時間が等しく本格的な春の始まり	………… 34
Lesson 3	「立夏」夏の始まり	………… 36
Lesson 4	「夏至」1年のうち一番昼が長い	………… 38
Lesson 5	「立秋」秋の始まり	………… 40
Lesson 6	「秋分」昼と夜の時間が等しく本格的な秋の始まり	………… 42
Lesson 7	「立冬」暦の上では冬	………… 44
Lesson 8	「冬至」冬の最中で寒さの厳しい時期	………… 46
Lesson 9	「節分」各季節の始まりの前日	………… 48
Lesson10	「彼岸」暑さ寒さも彼岸まで	………… 50
Lesson11	「5月祭」メーデーとも言われ夏の訪れを祝うお祭り	………… 52
Lesson12	「半夏生」田植えの期限を示している	………… 54
Lesson13	「土用」1年に4回ある土用	………… 56
Lesson14	「サンクスギビングデー」神の恵みに感謝する日	………… 58
Lesson15	自由テーマ	………… 60

季節の名称	4立／2至2分	①立春／②春分	………… 62
		③立夏／④夏至	………… 63
		⑤立秋／⑥秋分	………… 64
		⑦立冬／⑧冬至	………… 65
季節の名称	二十四節気		………… 66
季節の名称	雑節	①節分／②彼岸	………… 68
		③社日／④八十八夜	………… 69
		⑤入梅／⑥半夏生	………… 70
		⑦土用丑の日／⑧二百十日	………… 71
		⑨二百二十日	………… 72
季節の名称	海外の行事　5月祭／サンクスギビングデー		73

国民の祝日 ………… 74

家庭の行事 ………… 75

欧米からの行事 ………… 76

ナプキンの折り方 ………… 78

あとがき ………… 87

テーブルコーディネートとは

食空間を演出することですが、トータル的にすべての物がコーディネートされていなければなりません。
簡単に言うと、おいしいものをより美味しく食べるための食空間演出です。

食卓に座る人に清潔さ、美しさ、食べやすさを提供するもてなしの心。
即ち目で見て美しく、食べる人の五感を満足させ、会話の弾む食卓を整えるため食事空間全体の雰囲気をイメージし演出する。

食を供する人への心遣いや気配りで 「優しさ」の表現なのです。

食卓のコーディネーション

テーブルセッティング	実際に食事を摂るために正確にしつらえる。
テーブルマナー	食事を摂るための礼儀作法。
テーブルコーディネーション	食事空間の雰囲気をイメージして組み立てること。
テーブルデコレイト	品物を販売したり、広告するための飾りつけなど。

MEMO

テーブルセッティングの基本

ポイント

- ❶ 清潔に
- ❷ 食べやすく
- ❸ 美しく

＊ 五感を大切に…視覚　聴覚　嗅覚　味覚　触覚
＊ 創造力を豊かに…固定観念を捨てる

セッティングに必要な条件…企画の基本

- 目的（Why）
- 時（When）
- 場所（Where）
- 誰が（Who）
- 誰と（With）
- 何を（What）
- どのように（How）

和と洋のコーディネーションの大きな違いについて

和は季節感を大切に背は低くする。洋は背を高くが基本。
基本的な事はコーディネーションにかかる前にテーマについての食文化や歴史を把握しておくことが大事です。

プランニング作成のための4つのイメージ分類

語感的	優しい　明るい　穏やか
感覚的	カジュアル　シンプル　エレガント　クラッシック
地域的	和風　都会風　田舎風
風土的	山　川　海　里

イメージとしては見せるための演出と、人が心地よく暮らすことができる空間に分けられます。
家族のコミュニケーションを演出するための様々な空間構成。
そこに住む「人」が主役であることが豊かさのある演出と言えます。

食空間のプランニング

食空間を分けると 3 つの空間に分けられる。

- 食　卓
- 食　事
- キッチン

いずれも必要スペース／動線を考慮したい。

MEMO

ダイニングの食空間

◆食事をとるスペースです。楽しく食事ができ、料理がおいしく見えるように。

◆明るく落ち着いた雰囲気作りを心がけることが大切です。

◆カラーは暖色系にコーディネートするのがよいでしょう。

◆床は壁よりも明度を下げます。

◆天井は開放的にするのが基本です。

◆それぞれの季節に合ったインテリア雑貨や、季節の植物を取り入れましょう。

照明

◆あまり明るすぎない照明にします。

◆食卓だけペンダントタイプの照明を使うと和やかな団欒の場が演出できます。

◆白熱灯の赤みを帯びた色光。食卓がマイルドに感じられるため、おいしそうに見えます。

◆間接照明やキャンドルなどを利用すればよりよい雰囲気の出る食空間になります。

MEMO

色の基礎知識

色の三属性

色を大別すると無彩色と有彩色とに分けられます。
また色には色相・明度・彩度の三要素があります。

色　相

◆赤　青　黄　というような、色みのことをいう。

明　度

◆色の明るさの度合いのことをいう。
　明度が高い色……………明るく淡い色
　明度が低い色……………暗く鈍い色

　即ち有彩色の明度は白に近づく程高く、黒に近づく程低い。
　無彩色の白が一番明度が高く黒が一番低い。

彩　度

◆色の鮮やかさの度合いのことをいう。
　彩度が最も高い色………純色

　即ち純色に白を混ぜていくと明度は高くなるが彩度は低くなり
　純色に黒を混ぜていくと明度、彩度とも低くなります。

トーンと配色（色の組み合わせ）

トーン（色調）

◆明度と彩度の両方を含んだ色の感じ方の特性のことで、つまり色の明暗・濃淡・鮮やかさなど、いわゆる色の調子のことをトーンまたは色調といいます。

補　色（反対色）

◆色相環で反対側にある色をいいます。
　補色との組み合わせは互いの色を際立たせます。

類似色

◆色相環で隣り合う色をいいます。

中差色

◆類似色でも反対色でもない色の関係をいいます。

同一色

◆一つの色を、濃淡や、明暗で変化させた色をいいます。

色の知識

食空間のカラープランニング

色が持つイメージや心理的効果を的確に把握したうえ、食物の特性を考慮しイメージに即してして配色を考えます。

色のイメージ

赤 ▶

オレンジ ▶

黄 ▶

緑 ▶

青 ▶

紫 ▶

白 ▶

灰 ▶

黒 ▶

色の感じ方

暖色 ▶

寒色 ▶

中性色 ▶

進出色 ▶

後退色 ▶

興奮色 ▶

沈静色 ▶

派手な色 ▶

地味な色 ▶

色温度（K →ケルビン）

◆色温度は低くなれば赤みが増し温かい
　　　　　　　高くなれば青みがかり涼しい
◆色温度から受ける光源と感じ
　＞5300K　…………　涼しい
　3300〜5300K　……　中間
　＜3300K　…………　温かい

食空間の基本／色と構成

心理四原色 …… PCCS色相環において赤色　青色　黄色　緑色の事を言い、色覚の基本となる4色の事です。

インテリアを考える時の色の役割　イメージカラー

ベースカラー　………　基調色

アクセントカラー　……　強調色

ドミナントカラー　……　主張色

その他　………………　配合色

日本の暦について①

太陽と月の暦

昔から人は、太陽や月のめぐるリズムを季節や月日を知る手がかりにしてきました。

太陽暦
地球が太陽の周りを1周する時間の長さを1年とします。
※日本で太陽暦が採用されたのは、明治6年（1873年）。
　古代エジプトを起源とするグレゴリオ暦でこれが新暦です。

太陰暦
月が新月から次の新月になるまでを1か月とします。
※明治6年太陽暦が採用されるまで、太陰太陽暦を長い間使っていました。
　この暦を旧暦と呼ぶようになりました。

◆旧暦とは
太陽暦と太陰暦を組み合わせた太陰太陽暦の事で、これは明治5年まで使われていた日本の暮らしの暦です。そして旧暦は月日を、月の満ち欠けによる太陰暦で決めていました。
毎月1日は新月の日とされていました。新月とは地球からは月の光が全然見えない日です。それから15日経って満月になります。しかし旧暦の1か月は30日しかありません。太陰太陽暦は32～33か月に一度、うるう月を入れて13か月とし、そのずれを解決しています。

◆季節には太陽暦の1年を4等分した「春夏秋冬」があります。
◆春夏秋冬は季節の到来を知ることができ、色彩があります。
◆食材には「走り」「旬」「名残」という言われがあります。

　　　そして二十四等分した「二十四節気(にじゅうしせっき)」があります。
　　　さらに七十二等分した「七十二候(しちじゅうにこう)」があります。

これらはすべて自然のリズムに寄り添ったものです。
このワークブックでは二十四節気と雑節にそって進めていきたいと思います。

◆月の満ち欠け

　新　月…太陽と月と地球が一直線に並び、肉眼ではみえない状態。

　三日月…弓や剣など、別名が多く、若月とも言われます。

　上　弦…月が満ちていくときの半月です。

　十三夜…満月に次いで美しいとされる月。これからまさに満ちていく状態。

　満　月…十五夜とも呼び、月がもっとも丸い状態の月です。

　更待月…夜も更けてから月があがってくる、という意味の月。

　下　弦…月が欠けていくときの半月です。

　二十六夜…三日月をちょうど反転させた形の月です。

日本の暦について②

季節の巡りと暦

二十四節気

立春から始まり、春夏秋冬（4つの時期）をそれぞれ迎えて大寒で終わり1年となります。1ヵ月に二節ずつとなっています。

二十四節気は、毎年同じ時期に同じ節気がめぐってきます。そして、節気の間隔が一定で半月ごとの季節変化に対応できるので、天候に左右される農業の目安として大変便利なものでした。
季節を知るよりどころでもあったため、天候や生き物の様子を表す名前がつけられ、今でも年中行事や事項の挨拶など色々なシーンで使われています。

◆各季節の始期<4立>　　　・立春　・立夏　・立秋　・立冬
◆各季節の中間期<2至2分>　・春分　・夏至　・秋分　・冬至

七十二候

季節それぞれの出来事をそのまま名前にしています。
花や鳥、木や草等、自然現象に気を向ける暦なのです。
これは稲刈りの時期など農作業の目安になる農事暦でもあります。

雑節

二十四節気の中には1年間の季節の移り変わりを的確につかむため主に農作業に照らし合わせて作られた9節の暦。
①節分　②彼岸　③社日　④八十八夜　⑤入梅　⑥半夏生　⑦土用
⑧二百十日　⑨二百二十日

◆日本の自然の変化は、時間の流れを感じ取って、はっきりとした四季という形だけでなく、大きく不安定にうつろいながら暮らしに関与してきます。日本人はこれら自然の形を細かに観察し、調和させながら暮らしていく技術を身につけてきました。四季の変化に合わせながら歴史を実感しながら生きているという事です。

◆プランニング作成には日本の風土・歴史・文化・料理などの知識を活用する事が大切です。

MEMO

日本の食文化の知識

◆日本は昔から一人ずつのお膳が使われていました。また古くは家畜を食べる習慣もありませんでした。

◆およそ三世紀頃中国で書かれた「魏志倭人伝(ぎしわじんでん)」に九州の人は裸足で歩いていて、物を手づかみで食べていると記されています。日本もその他の国も、紀元前後あたりまで全部手で食べていたようです。

◆箸は日本、中国、朝鮮半島、ベトナム、モンゴルで使っていますが、日本では奈良時代から箸が使われはじめ、平安時代には完全に箸が使われるようになりました。

◆食べ物といえばご飯を甑(こしき)で蒸して食べていたようですが、これは非常にパラパラしたものだったようでさじで食べていたようです。

◆日本の箸の始まりは、折り箸が原型で、Uの字に折れ曲がっていました。
その後2本に分かれたものになるのですがこれを唐箸(からばし)といいます。

◆さじ（スプーン）には塗り物と金属製（銅、鉛、錫）の合金で薬剤師が使う薬匙(やくさじ)のようなものと香匙(きょうじ)といって香道で使う直線的な世界的に珍しい形のものが平安時代くらいまで使われていました。

◆日本の日常的料理は一汁三菜の形式が取られたが、上流階級では豪華さを加え時代により様々な新しい様式を創造した。

◆宴会を伴う日本料理の形式はp24のような種類があります。

MEMO

日本では、季節感を大切にするおもてなしの役割を担っていると言えます。
日本風土の自然や美意識から、旬の色や四季の変化を基本としたもてなしの気持ちが重要です。

日本料理の形式の種類

大饗料理
宮中や貴族の邸宅で行われた。椅子に腰掛け複数の人が大型の食卓を囲んだ。
これは中国から伝わったもので、後に一人用の高杯膳等に取り分けて食べるようになります。

本膳料理
ご飯を食べるための惣菜で構成されています。
室町時代に武家の礼法とともに食事作法として確立された正式の日本料理の膳立てです。
本膳が一の膳で、一、二、三の膳から成り、（一汁三菜）（一汁五菜）（二汁五菜）（二汁七菜）（三汁五菜）（三汁七菜）（三汁九菜）の種類がある。
江戸時代に文化が円熟するとともに華美になり芸術性を加え、明治以降は特別な儀式料理となりました。

袱紗料理
本膳料理の略式で二汁五菜が基本様式です。

懐石料理
室町時代の茶道の発達により生まれた。
正式な茶事の催しに供する食事で茶懐石とも言う。

会席料理
お酒から出し最後にご飯と汁が出ます。

精進料理
動物性食品を一切使わない、鎌倉時代に寺院独自の料理として発達した。

普茶料理
京都宇治市にある「黄檗宗 萬福寺」に伝わる中国式の精進料理で修業中の僧侶の食事で油や葛粉を使うのが特徴。

卓袱料理
中国料理・西洋料理・日本料理をあわせた料理で江戸中期に確立した。
必ず偶数でもてなすのが特徴で汁物以外は大皿で出す宴会料理で各々が自由に取り分けて食べます。

中国の食文化

◆中国料理は地方ごとに4種類に分けられています。
　北京料理 …… 地域的に暖かい料理。代表料理は北京ダック。
　上海料理 …… 地域的に魚介類の料理が多く薄味。代表料理は小籠包。
　広東料理 …… 外国との交流が古くからあり洋風の味もある。代表料理はふかひれ料理。
　四川料理 …… 香辛料を多く使う。代表料理は担々麺やエビチリソース。

◆一般家庭では、朝の食卓はほとんど屋台ですませます。

◆お米を主食にしている主にアジア圏では、大量の炭水化物からカロリーを摂取しているので副食の概念が生まれた。ご飯がおいしければ塩辛い物でもおかずになるが栄養面から考えられる「おかず」という副食が生まれた。

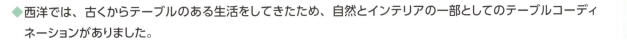

西洋の食文化

◆西洋では、古くからテーブルのある生活をしてきたため、自然とインテリアの一部としてのテーブルコーディネーションがありました。

◆食べるための道具
　ドイツ中世の三大叙事詩の中でフルキーエという言葉がでてきます。フルキーエというのはフォークのことでその作り方が三大叙事詩に出ています。
　その頃はフォークといってもまだ二股になった木を切ってきて、それに肉を結びつけて焼いていました。大きい物は干し草をすくうために使ったものだったといわれています。
　ですから11世紀頃の風俗画にフォークが描かれていますが、お料理を作るための前の段階で使われていたといわれています。

日本料理様式別のメニュー

献立の基本構成

一汁三菜　　飯　　汁（味噌汁）　　なま物　　煮物　　焼物
　　　　　　　※なま物 …… 刺身
　　　　　　　　　　　　　なまの魚や野菜を調味酢で和えた膾

◆ 様式により料理の呼び方が違う
　刺身や膾 …… 懐石様式では「向付け」と呼ぶ
　煮物 ………… 本膳様式では「平」
　　　　　　　　懐石様式では「椀盛り」
　椀盛 ………… 汁気が多い煮もの
　箸洗 ………… 味の薄い吸い物
　八寸 ………… 白木の折敷に肴
　強肴 ………… 酒をすすめる気持ちを込めた料理
　湯桶 ………… 炊飯時のおこげに湯を入れたもの

精進本膳料理の基本（三汁七菜）

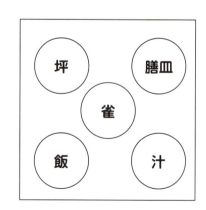

本膳料理三汁七菜の配膳

五の膳

与の膳

三の膳

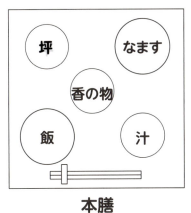
本膳

二の膳

日本の箸の文化とマナー

食事作法は箸に始まり箸に終わると言います。
・日本では箸先を左にして手前、横向きに置きます。
・箸置きは日本の美意識が生んだ日本だけの文化です。

箸の素材

・桜　・檜　・竹　他

箸の種類

・菜箸（野菜の調理用）
・真魚箸（盛り箸で魚の香りが他に移らないように持つところと先の素材が違う物もある）
・塗り箸　（個人用　で　若狭塗　輪島塗　　他　）
・取り箸　（共有の皿から料理を取る時に使う）

箸づかいのタブー

「嫌い箸」「忌み箸」と呼ばれ大きく分けて3通りあります。
① 一緒に食事をしている人を不快にさせるもの。
② 食器や箸を傷つけるもの。
③ 仏事に関わるもの・縁起が良くないとされているもの。

嫌い箸のいろいろ

・指し箸（人や物を指す）
・刺し箸（料理に箸を突き刺して取る）
・叩き箸（箸で食器を叩く）
・寄せ箸（遠くの食器を箸で手元に寄せる）
・移り箸／迷い箸（どのおかずを取るか迷いながら箸を動かす）
・渡し箸（箸休めの時に器の縁に横に渡す）
　　　　　　　　しかし八寸や強肴では取り箸が　渡し箸　で供される。

正しい箸の持ち方　4つの基本

① 親指、人指し指、中指の3本で上から3分の1くらいの部分を持つ。
② 中指は上下の箸に触れている。箸先がピタリとつく。
③ 箸先を開いたとき（動かしたとき）、中指は上の箸についている。
④ 薬指は下の箸を受けている。

使いやすい箸

◆長さ …… 利き手の親指と人差し指で直角にした時、
　　　　　 人差指と親指の間の長さを一咫（ひとあた）と言います。
　　　　　 この長さの1.5倍の長さが適当な目安です。

この長さの1.5倍

直角に開く

◆太さ …… 一般的には指の太い人には太めの箸、指の細い人には細い箸が持ちやすいでしょう。

◆箸先 …… すべりにくいもの

◆塗り箸と木箸 …… 持ちやすい／適度なしなりがある／掴みやすい／滑りにくい
　　　　　　　　　ことを考慮し選びましょう。

※個人用の箸の長さはほとんどが 22.5cm ぐらいと 19.5cm ぐらいの2種類です。
　子供用では 18cm などもあります。

※箸置き・箸袋は日本の美意識が生んだ日本だけの文化です。

※箸置きや箸袋も自分で作った手作りの物も喜ばれます。

※箸帯がある場合は箸を1本ずつ抜いて、自分の前に揃えます。
　箸帯は輪になっているまま左に置きます。

和の礼儀作法やしきたり

日本の礼儀作法は礼に始まり礼に終わると言われております。

礼儀作法とは

◆よりよい社会生活を営むためにお互いの生活秩序を円滑に営む上で必要とされる決まり事。

◆強制されることなく社会が必要に応じて個人が自発的に生み出した決まり事で、社会で心身ともに気持ちよく生きていく上での人間としての道徳が礼儀作法なのです。

日本の行事としきたり

日本には、日本の風土が生んだ古式ゆかしい行事が受け継がれてきています。日本人は季節の変化を「節句」と呼び、行事の中にその季節感をふんだんに取り入れてきました。
二十四節気は考えられた当時のものがほぼそのまま使われています。また節気名称は実際の気温よりは太陽の高度を反映したものとなっているのです。そこには日本の風土に合った生活や生き方、そして先人の培ってきた生活の知恵があり季節のうつろいを感じます。

和の基本のセッティングは四季の変化・自然の移ろい・旬の色を大切にし季節でもてなすことがとても重要だと言えます。

次世代に受け継いでいくものを考えていくとともに、食空間のプロフェッショナルとして今後活動していくには、それぞれの行事本来の由来を知識として持っておくことが大切なことです。

食事のマナー

和　食

- 一汁三菜は飯／汁／主菜／副菜／副々菜ですが、一番に 汁 を頂きます。

- 食事をする時、箸を取るのは茶碗又は汁椀の 後 に取ります。

- 和食を頂く時は通常 三角食べ をすると綺麗です。

- 紙ナプキンが用意されていない時の為に 懐紙 を持っておくとスマートです。

洋　食

- ワインを飲むときはグラスの ステム を持って飲みます。

- 料理をいただく時は カトラリー は外側から使います。

- 着席は椅子の 左側 側から座ります

- 席を立つときのナプキンは 椅子の背もたれ にかけておきます。

- 乾杯はグラスを 目の高さ まで上げ相手の顔を見て、目でおめでとう。

中　華

- 畏まらない献立は 一汁四菜 です。

- それは スープ 1品と 料理 4皿から出来ています。

- 宴会料理の最初に出てくる前菜は 冷菜 です。

- メイン料理は 頭彩 と言います。

- ターンテーブルは 右 回りにします。

LESSON 1 コーディネーションにトライしましょう

プランニング

テーマ	立　春
サブテーマ	
コンセプト・ストーリー	
花　材	
資　材	
ナプキンの折り方	
アピールポイント	
ラフスケッチ	

ポイント　　二十四節気の最初の節　この日から春

MEMO

<自分でコーディネートした写真を貼りましょう>

LESSON 2 コーディネーションにトライしましょう

プランニング

テーマ	**春　分**
サブテーマ	
コンセプト・ストーリー	
花材	
資材	
ナプキンの折り方	
アピールポイント	
ラフスケッチ	

昼と夜の時間が等しく本格的な春の始まり

MEMO

<自分でコーディネートした写真を貼りましょう>

LESSON 3 コーディネーションにトライしましょう

プランニング

テーマ	立　夏
サブテーマ	
コンセプト・ストーリー	
花材	
資材	
ナプキンの折り方	
アピールポイント	
ラフスケッチ	

夏の始まり

MEMO

<自分でコーディネートした写真を貼りましょう>

LESSON 4　コーディネーションにトライしましょう

プランニング

テーマ	夏　至
サブテーマ	
コンセプト・ストーリー	
花　材	
資　材	
ナプキンの折り方	
アピールポイント	
ラフスケッチ	

1年のうち一番昼が長い

MEMO

<自分でコーディネートした写真を貼りましょう>

LESSON 5 コーディネーションにトライしましょう

プランニング

テーマ	立　秋
サブテーマ	
コンセプト・ストーリー	
花　材	
資　材	
ナプキンの折り方	
アピールポイント	
ラフスケッチ	

秋の始まり

MEMO

<自分でコーディネートした写真を貼りましょう>

LESSON 6 コーディネーションにトライしましょう

プランニング

テーマ	秋　分
サブテーマ	
コンセプト・ストーリー	
花　材	
資　材	
ナプキンの折り方	
アピールポイント	
ラフスケッチ	

昼と夜の時間が等しく本格的な秋の始まり

MEMO

＜自分でコーディネートした写真を貼りましょう＞

LESSON 7　コーディネーションにトライしましょう

プランニング

テーマ	立　冬
サブテーマ	
コンセプト・ストーリー	
花　材	
資　材	
ナプキンの折り方	
アピールポイント	
ラフスケッチ	

ポイント　　暦の上では冬

MEMO

<自分でコーディネートした写真を貼りましょう>

LESSON 8 コーディネーションにトライしましょう

プランニング

テーマ	冬　至
サブテーマ	
コンセプト・ストーリー	
花材	
資材	
ナプキンの折り方	
アピールポイント	
ラフスケッチ	

冬の最中で寒さの厳しい時期

MEMO

<自分でコーディネートした写真を貼りましょう>

LESSON 9 コーディネーションにトライしましょう

プランニング

テーマ	節　分
サブテーマ	
コンセプト・ストーリー	
花　材	
資　材	
ナプキンの折り方	
アピールポイント	
ラフスケッチ	

各季節の始まりの前日

MEMO

<自分でコーディネートした写真を貼りましょう>

LESSON 10 コーディネーションにトライしましょう

プランニング

テーマ	彼　岸
サブテーマ	
コンセプト・ストーリー	
花　材	
資　材	
ナプキンの折り方	
アピールポイント	
ラフスケッチ	

暑さ寒さも彼岸まで

MEMO

<自分でコーディネートした写真を貼りましょう>

LESSON 11 コーディネーションにトライしましょう

プランニング

テーマ	**5 月 祭**
サブテーマ	
コンセプト・ストーリー	
花材	
資材	
ナプキンの折り方	
アピールポイント	
ラフスケッチ	

メーデーとも言われ夏の訪れを祝うお祭り

MEMO

<自分でコーディネートした写真を貼りましょう>

LESSON 12 コーディネーションにトライしましょう

プランニング

テーマ	半夏生
サブテーマ	
コンセプト・ストーリー	
花材	
資材	
ナプキンの折り方	
アピールポイント	
ラフスケッチ	

田植えの期限を示している

MEMO

<自分でコーディネートした写真を貼りましょう>

LESSON 13 コーディネーションにトライしましょう

プランニング

テーマ	土　用
サブテーマ	
コンセプト・ストーリー	
花　材	
資　材	
ナプキンの折り方	
アピールポイント	
ラフスケッチ	

1年に4回ある土用

MEMO

<自分でコーディネートした写真を貼りましょう>

LESSON 14 コーディネーションにトライしましょう

プランニング

テーマ	サンクスギビングデー
サブテーマ	
コンセプト・ストーリー	
花材	
資材	
ナプキンの折り方	
アピールポイント	
ラフスケッチ	

神の恵みに感謝する日

MEMO

<自分でコーディネートした写真を貼りましょう>

LESSON 15 コーディネーションにトライしましょう

プランニング

テーマ	**自由テーマ**
サブテーマ	
コンセプト・ストーリー	
花　材	
資　材	
ナプキンの折り方	
アピールポイント	
ラフスケッチ	

ポイント

MEMO

<自分でコーディネートした写真を貼りましょう>

季節の名称

4立／2至2分

① 立春(りっしゅん)
太陽黄径315度の時にあたり、旧暦正月寅の月の正節。
新暦では2月4日ごろ。節分の翌日になる。
まだ寒さのきびしい気候である。

② 春分(しゅんぶん)
旧暦2月卯の月の中気で、新暦3月21日ごろ。
一般にはこの日を春の彼岸の中日と言い、「節分の日」として休日となっている。
太陽の中心が春分点に達し、太陽黄径零度で、昼と夜の長さがほぼ等しくなる。
この日を境に昼間が徐々に長く夜が短くなる。

③ 立夏(りっか)

太陽黄径45度のときにあたり、旧暦4月巳の月の正節で、新暦5月6日ごろ。
ようやく春色あせて、爽快な夏の気が立ち始める気候である。

④ 夏至(げし)

旧暦5月午の月の中気で、新暦6月21日ごろ。太陽が90度の最も高い夏至点に達するときで、この日は北半球では昼が最も長く、夜が最も短い。
暑さはまだ本格的ではないが、梅雨しきりといったところで、農家は田植えに繁忙きわめる頃である。

季節の名称

4立／2至2分

⑤ 立秋(りっしゅう)

太陽黄径135度のときにあたり、旧暦7月申の月の正節で、新暦8月8日ごろ。
暦の上ではこの日から秋になるが、実際にはまだ真夏の感じである。

⑥ 秋分(しゅうぶん)

旧暦8月酉の月の中気で、新暦9月23〜24日ごろ。
太陽が秋分点に達した時で、赤道・黄径ともに180度にあたる。
この日を秋の彼岸の中日と称して昔から祖先を敬い、亡くなった人の御霊をしのぶ日となっている。
現在は国民の休日に定められている。
また、秋分は春分と同じ昼・夜の長さが等しく、この日を境に昼が短く夜が長くなる。

⑦ 立冬（りっとう）

旧暦10月亥の月の正節で、新暦11月8日ごろ。
これより冬に入る始めの節で、太陽黄径225度のときである。
日脚も目立って短くなる時期となる。

⑧ 冬至（とうじ）

旧暦11月子の月の中気で、新暦12月22～23日ごろ。
この日は北半球では太陽の高さが一年中で最も低くなる。
そのために昼が一年で一番短く夜が長くなる。
この日を境に日脚は徐々に伸び、日ごとに畳の目ほど長くなると言われる。

季節の名称

二十四節気

太陽が春分点を出て再び春分点に達するまでを360度とする。
これを二十四等分する。

◆立春 …… 旧暦 正月虎の月の正節　　新暦では2月4日

◆雨水 …… 旧暦 正月虎の月の中期　　新暦では2月19〜23日
　　　　　このころから大地が潤い、草木が発芽をはじめる。

◆啓蟄 …… 旧暦 2月卯の月の正節　　新暦では3月6日頃
　　　　　冬眠していた地中の虫がはい出してくる。

◆春分 …… 旧暦 2月卯の月の中期　　新暦では3月21日頃

◆清明 …… 旧暦 3月辰の月の正節　　新暦では4月4〜5日頃
　　　　　花々が満開となり、若葉が萌え、気が満ち始める頃。

◆穀雨 …… 旧暦 3月辰の月の中期　　新暦では4月20〜24日頃
　　　　　春雨が田畑をうるおし、穀物の成長を助ける。

◆立夏 …… 旧暦 4月巳の月の正節　　新暦では5月6日頃

◆小満 …… 旧暦 4月巳の月の中期　　新暦では5月21日頃
　　　　　だんだんと陽気になり万物ほぼ満足する頃。

◆芒種 …… 旧暦 5月午の月の正節　　新暦では6月5〜6日頃
　　　　　穂の出る植物の種をまくころで、農家は多忙を極める。

◆夏至 …… 旧暦 5月午の月の中期　　新暦では6月21日頃

◆小暑 …… 旧暦 6月未の月の正節　　新暦では7月7日頃
　　　　　梅雨が明け暑気に入り本格的に夏に向かう。

◆大暑 …… 旧暦 6月未の月の中期　　新暦では7月23日頃
　　　　　最も暑い真夏の頃で、夏の土用のころとなる。

- ◆立秋 …… 旧暦 7月申の月の正節　　　新暦では 8月 8日頃

- ◆処暑（しょしょ）…… 旧暦 7月申の月の中期　　　新暦では 8月 23日頃
  暑さも少し和らぎ、朝夕の虫の声に秋の気配が漂うころ。

- ◆白露（はくろ）…… 旧暦 8月酉の月の正節　　　新暦では 9月 8日頃
  残暑が引き、草に降りた露が白く光って見えるころ。

- ◆秋分 …… 旧暦 8月酉の月の中期　　　新暦では 9月 23 〜 24日頃

- ◆寒露（かんろ）…… 旧暦 9月戌の月の正節　　　新暦では 10月 9日頃
  夜空に月が明るみ、朝霧は一段と冷たく秋が深まりゆくころ。

- ◆霜降（そうこう）…… 旧暦 9月戌の月の中期　　　新暦では 10月 24日頃
  朝夕はぐっと冷え込み、霜が降りるころ。

- ◆立冬 …… 旧暦 10月亥の月の正節　　　新暦では 11月 8日頃頃

- ◆小雪（しょうせつ）…… 旧暦 10月亥の月の中期　　　新暦では 11月 22 〜 26日頃
  寒さが進み、北国から初雪の便りが聞かれるころ。

- ◆大雪（たいせつ）…… 旧暦 11月子の月の正節　　　新暦では 12月 7日頃
  北風が強くなり本格的に雪が降りだすころ。

- ◆冬至 …… 旧暦 11月子の月の中期　　　新暦では 12月 22 〜 23日頃

- ◆小寒（しょうかん）…… 旧暦 12月丑の月の正節　　　新暦では 1月 6日〜 9日頃
  1年で最も寒い時期で、寒の入りとも言う。

- ◆大寒（だいかん）…… 旧暦 12月丑の月の中期　　　新暦では 1月 21日頃
  最も寒さが厳しいころだが、日は次第に長くなり春へ向かう時期。

季節の名称

雑　節

① 節分（せつぶん）

本来は二十四節気の季節が移り変わる立春、立夏、立秋、立冬の前日のことであった。
次第に春だけに用いるようになり、現在では立春の前日の名称となった。
新暦では2月3～4日頃。
俗に年越し、年とり、追儺（おにやらい）と呼ばれて、神社仏閣をはじめ一般の家庭でも豆をまいて鬼を追い払い、福を招き入れる行事が行なわれている。

② 彼岸（ひがん）

春分・秋分の日の前後7日間を言う。春の彼岸は新暦3月18～19日頃に入り24～25日頃まで。秋の彼岸は新暦9月20～21日頃から7日間になる。
各彼岸入りから4日目が彼岸の中日（春分の日・秋分の日）である。
この日は祖先の御霊を供養し、様々な仏事が行われる。

③ 社日(しゃにち)

土地の神、五穀の神を祀り祝う日で、春分・秋分に最も近い戊の日をいい、この日に土の神を祀(まつ)って穀物の生育と実りの収穫を奉賽(ほうさい)する。

④ 八十八夜(はちじゅうはちや)

立春の日より数えて88日にあたり、新暦5月2～3日頃になる。夏の近づきを知らせている。
俗に「八十八夜の別れ霜」といい、以後霜の害は少なくなり農家では播種(はしゅ)(種まき)の最適期となる。

季節の名称

雑節

⑤ 入梅（にゅうばい）

太陽黄径80度に達すると称し、二十四節気の夏至を中心に約30～40日間梅雨の期に入る。
この雨期に入った最初の日を入梅といい、新暦6月11～12日頃になる。
しかし必ずこの日から梅雨に入るとは限らず、湿気も上がってくる。

⑥ 半夏生（はんげしょう）

一般には梅雨明けといい、だいたい新暦7月1～2日頃となる。
半夏生の語源は、半夏という毒草が生じる時期である。

⑦ 土用丑の日（どよううし）

土用とは年に4回以上あり、暦の立春・立夏・立秋・立冬のそれぞれ18日前からの18日間のことで、そのなかで十二支が「丑の日」のことをいう。

夏の土用は暑中見舞いを出す時期。夏バテ予防の食べ物にうなぎや梅干しが良いとも言われている。

本来うなぎは冬の方が油が乗っていて美味であるが、暑い夏の季節の変わり目に栄養豊富なうなぎを食べることは理にかなっている。

⑧ 二百十日（にひゃくとおか）

立春から数えて210日目をいい、新暦9月1日ごろになる。

早稲、中稲はこの頃開花期を迎えているが、台風の季節にあたり農家では農作物の被害に警戒すべき時期である。

季節の名称

雑節

 ⑨二百二十日（にひゃくはつか）

立春から数えて220日目をいい、新暦9月11日ごろになる。
二百十日と同じく台風襲来の季節で、農家にとっては厄日である。

海外の行事

5月祭

ヨーロッパ中世の多くの 5 月祭りの儀式は、この世にもう一度春を戻そうとするお祭りでした。
踊り子たちは大地を目覚めさせようと足を踏み鳴らしながら、角笛や口笛を吹き、眠っている森の精に季節の移り変わりを知らせたと言われている。

お祭りの中心には約 25m の高さのメイポール（5 月柱）があり、上の方には花の冠や葉を飾る。メイポールに飾る草花は森や野原で若い人たちが集め、5 月の女王は冠をかぶり踊りの輪の先頭に立ち、メイング・ラウンド・ザ・メイポールの周りを客人たちと踊りながら 5 月の儀式を行う。

日本では 5 月 1 日の労働者のお祭りの事ですが、その起源はヨーロッパの伝統的な春の再生、豊饒を願う祭典である。

サンクスギビングデー

アメリカ・カナダの感謝祭で 1 年間の神の恵みに感謝する日。
アメリカでは 11 月第 4 木曜日から次の月曜日までの 5 日間と決まっている。
カナダでは 10 月の第 2 月曜日で、金曜日も休み月曜日までの 4 日間の休日とするところもある。

七面鳥を食べることから Turkey　Day とも呼ばれたりし、普段離れて暮らしている家族全員が集まり、収穫を神様に感謝する日である。

国民の祝日

元日	▶ 1月1日
建国記念の日	▶ 2月11日
春分の日	▶ 3月20日（2018年は3月21日）
昭和の日	▶ 4月29日
憲法記念日	▶ 5月3日
みどりの日	▶ 5月4日
こどもの日	▶ 5月5日
山の日	▶ 8月11日
秋分の日	▶ 9月23日
文化の日	▶ 11月3日
勤労感謝の日	▶ 11月23日
天皇誕生日	▶ 12月23日

※国民の祝日のうち、ハッピーマンデー制度を適用しているもの

成人の日	▶ 1月第2月曜日
海の日	▶ 7月第3月曜日
敬老の日	▶ 9月第3月曜日
体育の日	▶ 10月第2月曜日

※その他の記念日

母の日	▶ 5月第2日曜日
父の日	▶ 6月第3日曜日

家庭の行事

祝儀

- 出産祝い
- 入学祝い
- 卒業祝い

- 就業祝い
- 結婚式
- 定年祝い

- 長寿祝い（還暦 60 歳　　古希 70 歳　　喜寿 77 歳

　　　　　　傘寿 80 歳　　米寿 88 歳　　卒寿 90 歳

　　　　　　白寿 99 歳…数え年）

- 結婚記念日（銅婚式… 結婚 7 年　　水晶婚式 …結婚 15 年　　銀婚式 …結婚 25 年

　　　　　　　真珠婚式 …結婚 30 年　　金婚式… 結婚 50 年　　ダイヤモンド婚式… 結婚 60 年）

不祝儀

- 法要

欧米からの行事

バレンタインデー ▶ 2月14日

イースター（復活祭）▶ 移動祭日　春分の日の後の最初の満月の次の日曜日

エイプリルフール ▶ 4月1日

メーデー ▶ 5月1日

ハロウィン ▶ 10月31日

サンクスギビングデー（感謝祭）▶ 11月第4木曜日から次の月曜日まで

オクトーバフェスト ▶ ドイツのビール祭り（10月第1日曜日から2週間）
※開催日は、10月の第1日曜日またはドイツ統一記念日である10月3日を最終日とする16〜18日間。
ドイツ各地で行われるオクトーバーフェストの多くは今も10月半ばにある。
ミュンヘンも従来は10月半ばだった。より暖かく過ごしやすい9月後半に移されて定着した。

クリスマス ▶ 12月25日

※（一部ワークブックの1　P84　にもあり）

MEMO

ナプキンの折り方❶

スティック

❶ 縦に半分に折る

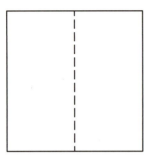

❷ 手前からくるくる巻き上げる

❸ ナプキンリングに通す
   またはリボンで飾る

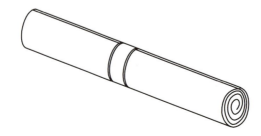

ナプキンの折り方❷

ウェーブ

❶ 上と下を中央に折り
　さらに下を折り上げて4つ折りにする

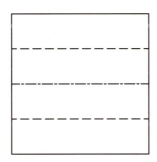

❷ 右側を7㎝残し左側を右へ二つ折りにする

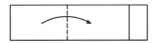

❸ 上のサイズの左1/3を右側へ折る

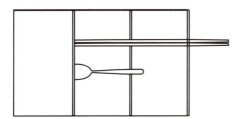

ナプキンの折り方❸

キャンドル

❶ 三角に折り上げる

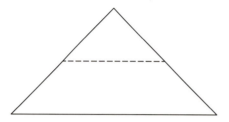

❷ 上の 1/2 を下に折り下げる

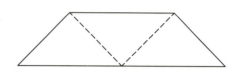

❸ 下から3等分に折り上げる

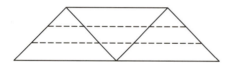

❹ 右端を約 15㎝垂直に立てる

❺ 右端からくるくる巻き
　最後は下の中央に差し込む

❻ キャンドルの炎を軽く膨らませる

ナプキンの折り方❹

カトラリーホルダー

❶ 左上の角を中央に折る

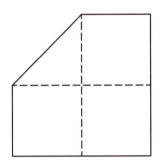

❷ 下の部分を折り上げる

❸ 両サイドを中央に折る

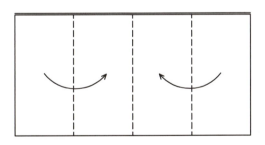

❹ 左側を右側に折る

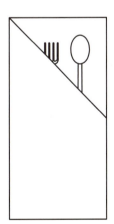

ナプキンの折り方❺

タケノコ

❶ わさを上にして 4 つ折りにする

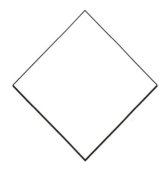

❷ 一枚目を上の角に折り上げる

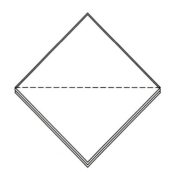

❸ 2枚目から4枚目まで
2㎝ずつずらしながら折る

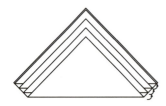

❹ 折り上げたところを上に向け
手を入れて筒状にする
裏側で片方を差し込み立てる

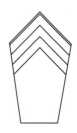

❺ 竹の子の皮の部分を
手前から軽く 1 枚ずつ起こす

ナプキンの折り方❻

ピラミッド

❶ 下側へ三角に折る

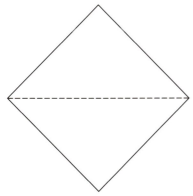

❷ 下半分を折り上げる

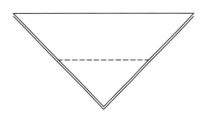

❸ 左右の三角を折り下げる

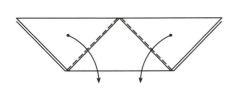

❹ 両サイド下側の三角を後ろへ折る

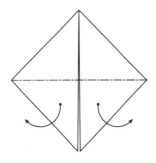

❺ 中央を折りピラミッド型にする

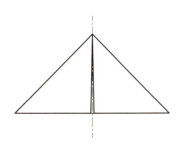
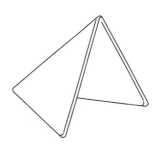

ナプキンの折り方❼

司教冠

❶ 上側へ三角に折る

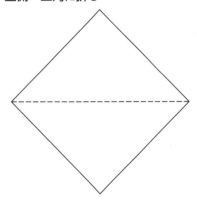

❷ 左右の角を上の角に合わせる

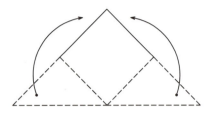

❸ 下三分の二を折り上げる

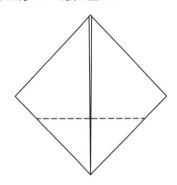

❹ 折りあげた三角を半分下へ折り下げる

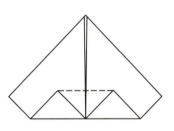

❺ 両サイドを後ろに回し端を片方に差し込み筒状にする

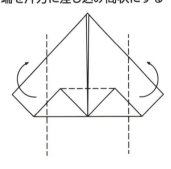

❻ 両サイドの外側を下へ差し込む

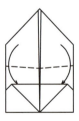

❼ 中央上の一枚を下へ3cm折る

ナプキンの折り方❽

二枚扇

❶ 縦に両サイドを折る

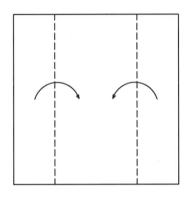

❷ 左側を右側に乗せて四つ折りにする

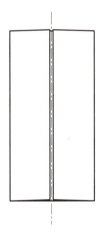

❸ 8等分のアコーディオン折にする

❹ 二枚に分かれている方を上にして下をまとめてナプキンリングにさし上を広げる

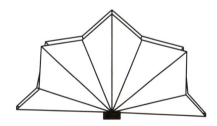

あとがき

　私は平成13年からある大学の学科で時には2校に渡り講義をしてきたのですが、№2のワークブックを作成する経緯は、何年も1冊を使用して来て、是非日本の暦を取り入れたワークブックを作成したいと思い再びペンを取りました。

　これは数年に及ぶ経験を、簡単に使いやすくまとめたものです。
内容的にはまず二十四節気の八節部分を取り上げました。
　一年を春夏秋冬の4つの季節に分け、それぞれをさらに六つに分けて二十四節気としています。
　そして今の暮らしに溶け込んでいる雑節と呼ばれる季節の筋目の5節をレッスン課題にしました。これは季節の移り変わりをより適確に掴むために設けられた、特別な暦日のことです。
　そして自由テーマが1レッスン課題となって15のレッスン内容にしました。
　もう一つの暦で五節句がありますがそれは№1で紹介しています。

　このワークブックを使用するに当たり、日本の暮らしのリズムを心地よく過ごすために役立て、趣味の向上や仕事の第一歩としてお役に立てれば幸いです。

　　　　　　　　　　　　　（JFFT）ジャパン食空間コーディネート協会
　　　　　　　　　　　　　　　　　会　長　　山口泰子

主な参考文献
日本の伝統　季節の慣習
日本の七十二候を楽しむ
暦のある暮らし
テーブルマナーの本「日本料理」

ワークブック2

2017年10月17日　発行

著　者　山口泰子［(JFFT) ジャパン食空間コーディネート協会］
発行者　吉岡新
発行所　株式会社優しい食卓
　　　　〒102-0072　東京都千代田区飯田橋3-11-24
　　　　TEL.03-5215-1287　FAX.03-5215-1189
　　　　http://www.table21.com
印　刷　共立速記印刷株式会社
定　価　1,500円+税
Ⓒ 山口泰子　Printed in Japan

乱丁、落丁本は小社にお送りください。送料小社負担にてお取替えいたします。
本書の無断複写（コピー）は著作権法上の例外を除き禁じられています。
ISBN978-4-901359-75-7